JULE UND MARIE

Bilderbuch mit DVD
und didaktischem Begleitmaterial
für die pädagogische Praxis und den Erziehungsalltag

Brigitte Braun und Ka Schmitz

FÜR MILENA UND FABIENNE

FÜR NATHALIE

mebes & noack

Jule, schon 8 Jahre alt, geht nach der Schule langsam und gedankenverloren durch die Stadt nach Hause. Sie verliert viele Gedanken, weil sie viel erlebt.
In der Schule hat sie mit dem Skateboard geübt und ihrem Freund Paul einiges beigebracht – ein kleines bisschen verliebt ist sie in ihn, aber wirklich nur ein bisschen. Ihre beste Freundin hat das auch gleich gemerkt und gegrinst.
Schön war der Tag mit den beiden.

Plötzlich wird Jule aus ihren Gedanken gerissen.

Am Ende der Straße, vor dem Supermarkt, ärgern zwei

Jungen eine Frau. Es sieht aus, als wollten sie ihr die Tasche

wegnehmen.

„Hey, was passiert da vorne? Wollen die beiden etwa die alte

Frau beklauen?

Blödmänner, da muss ich hin!"

Jule wird wütend. Sie knallt ihr Skateboard auf den Bürgersteig, schwingt sich gekonnt darauf und saust los.
Sie kann es nicht leiden, wenn es ungerecht zugeht in ihrer Welt.
Und irgendwie ist da jede Menge Jule in ihr, groß, wütend, schnell und mutig.
Auch wenn sie gar nicht mehr aussieht wie Jule.
Auf dem Skateboard sieht sie jetzt aus wie eine Tigerin, richtig furchterregend, und sie brüllt ziemlich laut. Die Menschen, an denen sie vorbeisaust, reiben sich ganz verwirrt die Augen.

Vor dem Supermarkt angekommen, springt sie vom
Skateboard, baut sich vor den Jungen auf und brüllt sie an:
„Lasst sofort die Frau in Ruhe und haut ab!"
Die Frau guckt ganz verdutzt, die Jungen zögern noch, es ist
still.
Jule schaut dem einen mit ihrem Tigerinnenblick fest in die
Augen. Der kann das nicht aushalten, schubst seinen Freund,
und beide hauen ab.

Die Frau, die schon älter ist, kann nichts sagen, weil sie vor Schreck ganz außer Atem ist.

Also redet erst mal Jule: „Na, die waren ja wirklich bescheuert. Warum machen die so was? Egal, jetzt sind sie ja weg!"

Zufrieden setzt sich Jule zu der Frau auf die Gartenmauer und lacht sie an.

Jule sieht jetzt nicht mehr aus wie eine Tigerin, aber ihre Stimme hört sich noch so an.

„Vielen Dank, mein Kind. Wie heißt du eigentlich?"

„Ich bin Jule und gerade 8 geworden, und wer bist du?"

„Ich heiße Marie und bin noch immer ganz aufgeregt. Sag, wie kommt es, dass du dich das getraut hast? Du sahst gar nicht so aus, als wärst du erst 8 Jahre alt. Eigentlich hast du überhaupt nicht ausgesehen wie ein Mädchen, sondern eher wie eine ... – ja, wie eine Tigerin auf einem Skateboard. Hast du einen Trick dafür?"

Jule erzählt von ihrer Tigerin, die sie sich tief in ihrem Bauch vorstellt, wunderschön, kraftvoll und mutig. Wenn sie daran denkt, dann fühlt sie sich innen wie außen ganz groß und spürt die Kraft überall in ihrem Körper. Dann weiß sie, dass sie selbst diese Tigerin ist, und traut sich viel mehr.

„Was für eine gute Idee!", sagt Marie.

„Ja", sagt Jule, „das hilft wirklich oft."

Nur manchmal gar nicht, denkt sie und sieht plötzlich ganz traurig aus.

Der Bus kommt und sie steigen ein. Im Bus erzählt Marie: „Ich werde bald 76 Jahre alt und wohne mit meiner Katze Anna in einem kleinen Häuschen. Dort fürchte ich mich gar nicht."

Jule hört aufmerksam zu und erzählt dann, dass es ihr zu Hause ganz anders geht: „Weißt du, in der Schule und auf der Straße habe ich fast nie Angst und mir fällt meistens ein, was ich tun kann. Zu Hause ist das anders. Ich bin oft allein und fühle mich dann irgendwie viel kleiner. So als gäbe es keine Tigerin mehr in mir."

Marie denkt nach und sagt zu Jule: „Wenn du zu Hause Angst hast, ruf mich an. Vielleicht kann ich dir dann auch mit einer Idee helfen." Jule schreibt sich Maries Telefonnummer in ihre Hand.

Dann holt sie ein Klebe-Tattoo mit einem Tatzen-Motiv aus ihrer Schultasche und schenkt es Marie.

Marie muss sich allerdings zeigen lassen, wie das geht. Und ihr ist anzusehen, dass sie das mit der Spucke nicht so toll findet. Trotzdem freut sie sich.

Jule muss an der nächsten Haltestelle aussteigen. „So, hier muss ich raus. Machs gut, Marie."

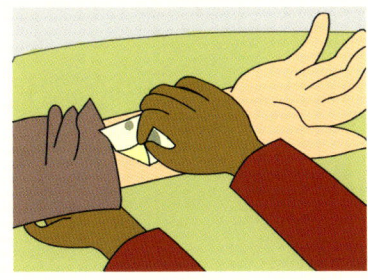  

Während Jule sich zu Hause, wie immer, etwas zu essen macht und anschließend die Hausaufgaben, denkt Marie an ihre eigene Tigerin, mitten in ihrem Garten, auf dem Gras, in der Sonne.

Da ruft der Nachbar unfreundlich herüber: „Frau Nachbarin, es wird Zeit, dass Sie Ihr Unkraut endlich rupfen, damit die Samen nicht wieder in meinen Garten fliegen!"

Marie geht auf ihn zu, stellt sich ruhig hin, stemmt ihre Hände in die Hüften und schaut ihn fest und ernst an. Sie probiert das mit der Tigerin wirklich gleich aus.

Marie ist jetzt größer als sonst, das merkt auch der Nachbar und wird ein bisschen unsicher.

„Das Unkraut sind Blumen, und die sind für die Schmetterlinge. Freuen Sie sich lieber an den vielen Farben, statt sich zu beschweren. Einen schönen Abend noch."

Für einen kurzen Moment blickt der Nachbar in die Augen einer Tigerin. Dann lächelt Marie ihm freundlich zu und geht zurück ins Haus.

Drinnen zwinkert sie stolz ihrem Spiegelbild zu. Das fühlt sich gut an, ganz warm im Bauch, ganz kribbelig in den Händen und so richtig groß von innen. Wie wundervoll, die eigene Tigerin zu kennen, wo war sie nur in letzter Zeit?

Die Katze Anna blinzelt neugierig um die Ecke.

Am Abend liegt Jule ängstlich im Bett. Es ist dunkel in ihrem Zimmer.

Unter dem Bett, im Bettkasten, rumpelt es.

Sie zuckt jedes Mal zusammen, wenn sie ein Geräusch hört.

Es sieht aus, als leuchteten im Dunkeln mehrere Augenpaare auf.

Jule zieht die Bettdecke über den Kopf.

Bei Marie klingelt das Telefon. Jule flüstert: „Marie, ich fürchte mich, überall höre ich Geräusche, ich fühle mich beobachtet. Ich kann kaum atmen und mein Herz klopft ganz doll."

„Hör mir zu", sagt Marie, „manchmal, wenn die Angst zu mir nach Hause kommt, na ja, dann setze ich mich hin und lade sie ein. Sie soll rauskommen aus ihrem Versteck, damit ich sie mir genau anschauen und vielleicht sogar mit ihr reden kann. Meistens ist sie gar nicht so schrecklich, wie ich sie mir vorgestellt habe."

„Das trau ich mich nicht, Marie", flüstert Jule.

„Doch", erwidert Marie. „Das schaffst du."

„Na gut", sagt Jule, „ich probiere es. Aber nicht auflegen, ja?"

„Klar", antwortet Marie. „Ich stelle den Lautsprecher an, dann höre ich dich sofort."

Jule steht zaghaft auf und beginnt, ihre Angst zu suchen. Dabei muss sie schon ein bisschen lachen und ist unsicher. Vorsichtig öffnet sie den Bettkasten und erschrickt: „Da sitzt ja wirklich was!"

Ganz in die Ecke geduckt, sitzt eine kleine verschreckte Gestalt und schielt zu ihr nach oben. Langsam reicht Jule ihr die Hand und zuckt ein bisschen zurück, als das kleine Wesen sie berührt.

Jule nimmt es ganz vorsichtig hoch und setzt es erst mal vor sich aufs Bett. Dann schaut sie sich ihr Gegenüber neugierig an. Es ist ihr ähnlich, bis auf die große Nase und die riesigen Füße. Und es ist ganz grün.

„Du bist also meine Angst – und du gehörst zu mir?", fragt Jule mit großen Augen.

Auch die Angst schaut Jule neugierig an. Dann blickt sie im Zimmer umher, und als plötzlich ein Geräusch ertönt, stößt sie einen erschrockenen Schrei aus und versteckt sich hinter Jules Rücken.

Jule staunt: „Du bist ja noch ängstlicher als ich! Na ja, jetzt sind wir wenigstens zu zweit."

Mutiger geworden, schiebt Jule ihre Angst ein Stückchen von sich weg und nimmt dafür ihre Hand. Zu zweit schleichen sie hinaus und gehen auf Gespenstersuche. Als Erstes öffnen sie den Kleiderschrank und sehen dort schon zwei Gespenster! Jule schreit auf und schlägt die Tür wieder zu. „Was machen wir jetzt?", fragt sie ihre Angst.

Die Gespenster kreischen: „Lass uns raus!"

„Nein", sagt Jule, „bloß nicht."

„Bitte, hier ist es eng und dunkel!", heulen die Gespenster.

„Na und, spukt woanders. Mir macht ihr keine Angst mehr."
Sie dreht sich zu ihrer Angst um und sagt überrascht: „Die machen mir ja wirklich keine Angst mehr!"

Jule macht die Tür wieder ein wenig auf.

Die Gespenster fliegen heraus.

Bei näherem Hinsehen sind sie gar nicht so bedrohlich, weil sie sehr viel kleiner sind als Jule. Sie fliegen um die beiden Mädchen herum und leuchten und machen dabei so komische Bewegungen, dass Jule und ihre Angst lachen müssen.

Jule wird müde und gähnt.

Sie streckt die Hand aus und fängt die Gespenster ein. Sie setzt sie ins Spielzeugregal zwischen die anderen Spielsachen und ermahnt sie streng, jetzt endlich Ruhe zu geben.

Dann geht sie zum Telefon und teilt Marie laut mit: „Hörst du mich? Ich habe es geschafft! Und die Angst macht mir – wenn ich sie mir so angucke – gar nicht mehr viel Angst. Danke für deine Idee!"

„Oh Jule, das freut mich. Du, ich lade dich ein. Komm morgen zu mir in meinen Garten. Es gibt Himbeerkuchen. Für dich und mich, deine Angst, natürlich auch für die Tigerin und meine Katze Anna. Das gäbe ein richtiges kleines Fest. Kommst du?", fragt Marie. „Gerne, Marie. Bis morgen und schlaf gut", verabschiedet sich Jule.

Nebeneinander liegen Jule und ihre Angst im Bett und kuscheln ein bisschen, sehr vorsichtig und zufrieden.

Jule knipst das Licht aus und flüstert: „Haben wir gut hingekriegt – wie Freundinnen."

Am nächsten Tag feiern sie ein Gartenfest mit
Himbeerkuchen, Saft und Musik:
Marie mit Jule und der Katze Anna. Auch die Tigerin und
Jules Angst sind da, und sogar ein paar Gespenster sind
mitgekommen.
Sollen sie auch den Nachbarn einladen?

Danksagung

Ohne die finanzielle Unterstützung der *PROFI Engineering Systems AG* in Darmstadt und *IBM Deutschland* an die Fachberatungsstelle *Wildwasser* Darmstadt e.V. hätte das Medienpaket „Jule und Marie" nicht erscheinen können. Dafür bedanken wir uns.

Idee und Text: Illustrationen:

Brigitte Braun   Ka Schmitz

Die Idee der inneren Tigerin entstammt der FrauenMädchen-Selbstverteidigung und Selbstbehauptung WenDo!

Impressum

Jule und Marie
Text und Idee: Brigitte Braun
Illustration: Ka Schmitz
Medienkombination mit DVD und Begleitmaterial
(In Kooperation mit Wildwasser Darmstadt e.V.)

Bilderbuch und Begleitmaterial
Lektorat: Barbara Weiner, Karlsruhe
Satz & Endgestaltung: Michaela Fehlker, wogo.de/sign, Bornheim
Layout: Brigitte Braun, Darmstadt / Ka Schmitz, Berlin
Illustration: Ka Schmitz

DVD
Animation, Regie und Schnitt: Ka Schmitz, Berlin
Dialogregie: Robert Atzlinger, Ludwigsburg
SprecherInnen: Mari Seidenspinner, Luise Wunderlich, Robert Atzlinger und Marion Mebes
Musik: Judith Pardonner
Studio- und Aufnahmetechnik / Herstellung: tapeaffairs, Ludwigsburg

Deutsche Originalausgabe
Alle Rechte vorbehalten

Die Deutsche Bibliothek verzeichnet diese Publikation in der Deutschen Nationalbibliografie; detaillierte
bibliografische Daten sind im Internet über http://dnb.ddb.de abrufbar.

ISBN 978-3-927796-77-5

© 2007 verlag mebes & noack
in der WISSEN+HANDELN vertriebs gmbh
Postfach 13 01 21
D - 50 495 Köln
www.mebesundnoack.de

1. Auflage 2007
Druck: GRASPO CZ, a. s. - Tschechische Republik